돌아보니 다 선물이었다

돌아보니 다 선물이었다
ⓒ 2025 정현숙

초판인쇄 | 2025년 11월 10일
초판발행 | 2025년 11월 15일

지 은 이 | 정현숙
펴 낸 이 | 배재경
펴 낸 곳 | 도서출판 작가마을
등 록 | 제 2002-000012호
주 소 | (48930)부산시 중구 대청로 141번길 3, 다온빌딩 501호
    T. 051-248-4145, 2598 F. 051-248-0723 E. seepoet@hanmail.net

ISBN 979-11-5606-292-9 03810   정가 13,000원

※ 이 책의 무단전재 및 복제행위는 저작권법에 의거, 처벌의 대상이 됩니다.

돌아보니
다 선물이었다

정현숙
이야기 시집

◆ 작가의 말

늦은 나이에 글을 쓰기 시작했지만,
돌아보니 삶의 모든 순간이
이미 시가 되어 제 안에 쌓여 있었습니다.

가족과의 기억, 어린 시절의 추억,
그리고 나이 들어서야 비로소 보이는
소소한 일상의 아름다움까지,
그 모든 것을 글로 담아내고 싶었습니다.

저의 시는 화려하지도, 특별하지도 않습니다.
다만 평범한 날들을 사랑하고,
그 속에서 건져 올린 마음을 기록했을 뿐입니다.

이 작은 글들이 누군가에게
따뜻한 위로가 되고,
삶을 돌아보는 조용한 여백이 된다면
그보다 큰 기쁨은 없을 것입니다.

끝까지 읽어주신 모든 분들께
진심으로 감사드립니다.

2025. 가을 정현숙

◆ 프롤로그

이 책은 작가도 아닌 평범한 여인이
쓴 사소한 이야기다.
그저 한 여인의 삶의 자취,
그리고 세월 속에 스며든 웃음과 눈물,
그 모든 흔적을 사랑하는 딸들과 손녀들에게 남기고 싶어
시작한 것이다.

물려줄 재산도, 대단한 업적도 없지만
내 목소리, 내 발자취, 내 마음을
글 속에 담아 두고 싶었다.

언젠가 나를 그리워할 때,
이 책을 펼쳐 할머니의 웃음과 노래,
그리고 따뜻한 마음을 다시 느끼길 바란다.

차례

◆ 작가의 말　　　　　　　004
◆ 프롤로그　　　　　　　　006

◆ **가족과 사랑**

　첫 손녀　　　　　　　　　013
　사랑스런 은진이　　　　　　014
　막내 손녀　　　　　　　　　016
　조심해 내가 잡아줄게　　　　018
　생선 눈을 좋아하는 손녀　　　019
　귀여운 손녀　　　　　　　　020
　아메리카노　　　　　　　　　021
　울고불고 난리가 났었어　　　022
　바쁘다는 손녀들　　　　　　024
　막내 딸　　　　　　　　　　026
　아버지　　　　　　　　　　　028
　엄마라는 꽃　　　　　　　　032
　주말 오후의 데이트　　　　　033
　나의 노래　　　　　　　　　034
　주부의 행복　　　　　　　　036

돌아보니 다 선물이었다

◆ 그리움이라는 감정

어떤 그리움	041
시아주버님	042
귀가	044
친정	046
애기씨	050
위대한 그녀	052
어머니와 미역국	054

◆ 회상과 추억

사춘기	059
오십 년 지기 친구들	060
첫 출근	064
흠	065
못다 한 인생 숙제	066
주름	068
합창 같은 인생	070
통영의 하룻밤	073
내장산의 단상	076

차례

◆ 봉사는 즐거워

뜨거웠던 여름날의 오후　　081
흔들리는 눈망울　　083
늙어 보이는 아가씨　　086
행동으로 전한 마음　　090
봉사하는 시간　　093

◆ 여행과 일상

제주라서 좋은 날　　097
살아가는 힘　　103
게으른 농부　　104
로또　　106
대기실　　108
여행과 차 한 잔　　110
장롱 면허증에게 미안해하며　　112
내가 가장 잘한 일　　114
간 큰 남편 이야기　　117
박 가이버　　120
주변 정리　　122

◆ 에필로그　　124

◆ 가족과 사랑

◆
◆

 손녀들의 재롱, 아이들과 함께한 하루,
엄마와 아버지의 사랑은 우리 마음속 깊이
스며든다. 자연과 계절에서 느낀 생기와
온기가, 이제 사랑과 가족의 따스함으로
이어진다.

첫 손녀

세 살 무렵,
아기 엉덩이에 기저귀 찬 채
아장 아장 걸어와
효자손을 들고 와서 말하던 손녀.

"할머니, 할아버지 싸우는 건 나쁜 거예요.
내 말 잘 들으세요."

차만 타면 잔소리꾼이 되어
"위험해 조심해!"
또록또록한 목소리로 외치던,

구운 생선 눈을 좋아했던 아이는
"할머니 생선 눈 구워주세요."
"오늘은 생선이 없네. 내일 구워 줄게."
"시장 가면 눈 많은 생선 사 오세요오."

우리 첫 손녀,
그 귀여움이 지금도 눈에 선하다.
난 아직도 그 아이의 시간 속에
갇혀 있는 것 같다

사랑스런 은진이

"할머니, 할머니, 할머니!"
전화 속 목소리가 자지러진다.
높은 텐션, 쨍쨍한 목소리,
사랑스러운 둘째 손녀.

아기 때 피부에 생긴 병으로
매일 끝없이 울어대서
가슴 아파하며
밤을 지새운 적이 많았는데,

어느새 훌쩍 커 버렸네.

"할머니, 몇 살이야?"
"칠십이야."
순간 놀라서 하는 말,
"할머니, 죽지 마!"
생각한 나이보다 너무 많았나 보다.

언제나 엉뚱한 아이.
무더운 여름밤,

산책길 육교를 지나다
시원한 바람이 분다.

"할머니, 여기 집 짓고
통행료 받으면 우리 부자 될 것 같아."

대동강 물 팔아먹은 김선달,
바람 팔아먹으려는
엉뚱한 나의 사랑스러운 손녀딸.

막내 손녀

유치원 갈 시간
"지원아 세수하자" 하면
"물티슈로 닦을게요" 하던 아이.

거실은 어느새 무대가 되고
TV 앞 의자 하나 놓고 서서
어느새 무대 위 주인공이 되어
춤추고 노래하던 손녀.

부엉이를 좋아해서인지
할머니를 향해 또렷이 부르던 이름,
"부엉!"
엄마한테 혼나고 도움의 눈길로
부엉 부엉을 부른다.
그래! 난 지원이한테 부엉이 할머니였어.
훌쩍 자라버린 손녀
그 모습이 그립다.

조심해 내가 잡아줄게

아장아장 걷기 시작한 은솔이를 위해
할아버지는 작은방 문 위에
그네를 설치하기로 했다.

좋아하는 은솔이,
엄청 신이 나 있었지.
할아버지가 의자 위에 오르자,

너무 놀라 달려왔다.
"할아버지 위험해, 조심해. 내가 잡아줄게."
고사리 같은 손으로
할아버지 다리를 꼭 잡아주던 모습.

너무 귀엽고 웃음보따리를
선물 해 주었어.
할아버지는 은솔이의
귀여운 고사리 같은 손이
엄청 든든했을 거야.

생선 눈을 좋아하는 손녀

생선 눈만 쏙쏙 빼먹는 손녀,
"할머니, 먹어봐! 눈 맛있어."

밥상 위 생선 눈은
항상 은솔이 차지였다.

눈을 다 빼먹은 생선을 뒤집어야 먹을 텐데 도움을 청한다.
"할머니, 생선 좀 엎드려 주세요."

어느 날, 손질 생선을 구웠더니
"할머니, 왜 눈 없는 생선을 사왔어?
눈 많은 생선 사 와야지."

생각만 해도 절로 웃음이 나는
어린 날의 손녀.

귀여운 손녀

큰 손녀가 세 살쯤 되었을까.
저녁 밥상머리에서 편식을 하지 말라 하니,
빠른 말투로 이렇게 말한다.

"다 먹을 거야.
할머니, 파프리카에 가면
굶는 사람이 많대."

식구들은 폭소를 터뜨리고,
손녀는 자기가 틀려서 웃는 줄 알고
다시 또 힘주어 말한다.

파프리카와 아프리카를
구분 못하는 아기
그 모습이 너무 귀여워
한참을 웃었던 기억.

지금도 파프리카를 보면
그때가 떠올라 미소 짓는다.

아메리카노

점심 식사 후 커피숍
4살 된 큰 손녀 은솔이,

많은 가족과 함께라서
더 신이 난 은솔이.

작은 입으로 종알종알
쉼 없이 재잘대는 손녀.

"우리 은솔이는 뭐 먹을 거야…?"
"음… 나는 아메리카노!"

작은 입에서 나온 어른스러운 한마디
카페는 아메리카노 향기로 가득했다.

울고불고 난리가 났었어

할아버지, 할머니 품에서 자라
입에 밴 부산 사투리.

아파트 문을 닫다
그만 손가락이 끼이고
피가 났다.
철문에 손이 낀 은솔이는
얼마나 아팠을까?
아파트가 떠나갈 듯
울고불고 난리가 났다.

저녁에 이모가 반창고를 보며 묻는다.
"은솔이, 다쳤어?"
"응, 많이 다쳤어."
"왜? 다쳤어?"
"문에 꼉겼어."
"그래서 울었어?"
"응, 울고불고 난리가 났었어."

순간, 모두 웃음을 참을 수 없었다.

"은솔이, 지금도 아파?"
너무 밝은 목소리로
"아니, 이제 안 아파. 히~"

피 날 때만 아픈,
순수한 은솔이 이야기.

바쁘다는 손녀들

보고 싶어 전화를 걸면
"할머니, 나 지금 좀 바쁘거든."

잠시 머뭇,

예전엔
"할머니 무서워요.
집에 갈 때까지 전화 끊으면 안 돼요.
언제 우리 집에 올 거예요?
보고 싶어요."
하던 꼬마였는데,
이제 커서 학교생활, 사회생활에 바쁜가 보다.

"그래, 많이 바빠? 바쁜가 보네.
바쁘면 끊자."
말은 그렇게 해도 마음은 서운하다.
아쉬워서 바쁜가를 몇 번이고 물어본다.
그만큼 컸다는 건데 내 마음은 왜 이럴까?

그래도 짧게 들은 예쁜 목소리,
오늘 하루를 채워주는 선물.

막내 딸

노는 걸 더 좋아해
밥 먹으러 오라고 불러야 오던 아이.

동네 목욕탕에서 친구들과
수영을 배우고,

공부는 잘못해도
자신감만은 꽉 차 있었지.

마음만 먹으면 뭐든 잘할 거라 말하며
그 마음먹을 때를 기다려 달라던 아이
쪽지 시험 점수 못 받아도 당당하게
점수 말하던 아이
기다림이 필요한 아이였다.

작은할아버지의 "공부는 잘하니?"
질문에
"일등 반이요."
일등은 하기 어렵고, 이등은 하기 싫어
일등 반 한다던 아이

〉

어려운 것, 싫은 걸 피해 가며
재치와 엉뚱함으로 세상을 채우던,
지금은 우리 곁에서 나를 지키는 보호자가 된 아이.
우리 막내딸.

아버지

늦둥이 막내딸,
중학교 하교 시간에 맞춰
언제나 교문에 기대어 서 계시던 아버지.

전교생이 다 아는 우리 아버진
학교의 유명 인사였다.

중풍을 앓으시던 아버진
오른쪽 수족이 부자연스러웠다.

입학하던 날, 허약한
딸은 입학식 도중 쓰러졌고,
그 말을 들은 아버지는
그날부터 딸의 하교 시간을 맞추셨다.

남들과 다른,
흐느적거리는 팔. 절뚝거리는 다리, 부자연스러운 행동,
어눌한 말투,
친구들과 놀고 싶은데,

청소도 하지 말고 집에 가라는
선생님의 배려도 그땐 싫었다.

이제 괜찮다고,
아버지 몸도 안 좋으신데 오시지 말라 했지만,
"너 가방이 무거울까 봐."
아버진 그렇게 말씀하셨다.
그렇게 아버지의 성한 팔엔
내 가방이 들려 있었다.

핑계는 아버지를 둘러댔지만,
사춘기 소녀는
남들과 다른 아버지가
창피했다.

1년을 넘게 가방을 들어주시던 아버진,
연극을 보기로 한 날
환갑을 넘기지 못하고
돌아올 수 없는 길을 떠나셨다.

철없던 소녀의 마음은
언제나 이기적이었다.

"왜 오늘 돌아가셨지?
연극은?"

아버지,
그땐 제가 너무 철이 없었나 봅니다.
아버지의 깊은 사랑을
내가 엄마가 되고서야
뼈저리게 느낍니다.

사랑합니다, 아버지.

엄마라는 꽃

가느다란 바람 앞에서
몸을 감추듯 흔들리는
이름 모를 작은 꽃 한 송이.

세찬 비바람 속에서도
잎은 꺾이지 않고
햇살을 받아 은은하게 빛난다.

눈보라 속 뿌리를 단단히 내리고
꽃잎을 피울 준비를 한다.
그리고 마침내,
자식이라는 꽃을 피워낸다.

바람이 거세질수록
꽃은 더 단단해지고
그 자태로
엄마라는 이름을 말한다.

주말 오후의 데이트

남편과 함께,
분위기 좋은 카페를 찾아 길을 나섰다.

오지 않을 것만 같던 가을은
벌써 저만치 자리를 잡고 앉아 있다.

파란 들녘은 금물결로 파도를 치고
허수아비도 덩달아
춤추며 잔치를 벌인다.

산자락 감나무엔 붉게 물든 감,
대추나무엔 황금열매가 주렁주렁.

가을은 소리 없이 내 곁에 머물며
"잘 살았느냐" 하고 다정히 위로한다.

돌아오는 길,
차 안에서 만난 한 줄기 세찬 소나기는
마음의 묵은 때를 씻어내 주었다.

나의 노래

추억으로 나이를 먹는 걸까
하루하루 늘어가는 이야기 속에.

세 딸이 재롱 피우며
하루의 피로를 녹여주던 일,
이불 속 여덟 개의 다리를 묻고
태풍이 지나가길 기다리며
부추전 먹고,
옛날이야기 해 주던 일.

이제 세 명 손녀들의 재롱으로
세대를 넘기고,
더욱 푸짐한 웃음거리가 생겼다.

젊어서 고생했던 힘든 시기,
아이들이 잘못될까 걱정하던 일,
작은 수입으로 공부 가르치려던
속 타던 마음,
작게 크게 속 썩이던 남편도…

추억이 방울방울 영글어
또 다른 추억이 되고,
꿈이 되고,
희망이 되고,
시가 되고, 사랑이 된다.
그리고 나의 노래가 된다.

주부의 행복

바짝 마른 빨래
깨끗이 청소된 집안도
바라보면 흐뭇하다.

냉장고 한켠,
참기름 한 병이 꽉 차 있어도 좋다.
계란 바구니에 계란이
소복이 담겨 있어도 행복하다.

저녁 시간
맛있게 무친 나물 한 접시
얼큰하게 끓인 찌게 한 냄비
식구들이 맛있게 먹을 생각에
피곤함을 잊는다

작은 부엌,
오늘 반찬 걱정 덜었다는
안도의 미소가 번지고,
사소한 풍요로움 속에서
주부의 마음은 행복하다.

〉

주부의 행복은
거창한 데 있지 않다.
냉장고 문을 열 때,
장바구니를 정리할 때,
그 작은 순간 속에서
웃음을 얻는다.

돌아보니 다 선물이었다

정현숙 이야기 시집

◆ 그리움이라는 감정

◆
◆

 창문 너머 빗소리와 바람에 실린 추억은, 마음속 깊은 감정을 불러낸다. 흘러간 세월과 회상의 순간이 자연과 어우러져 조용히 마음을 적신다.

어떤 그리움

회색빛 어둠이 내려앉은
길 모퉁이에
누구의 서러움인지
부슬부슬 비가 내린다

소리 없이 젖어드는
갖은 그리움.

환하게 비추는
은빛 가로등 불빛 아래
방울방울 떨어지는 빗줄기는
그리움이 되고,
또 나 자신이 된다.

젖은 길 위로
내 기억과 그리움이 흘러간다.

시아주버님

처음 시집왔을 때,
세상에 무슨 일이 있어도
시아주버님께 말씀드리면 다 해결될 거라 믿었다.
지금 생각해보면 아주버님도 그땐 30대였을 텐데, 윗사람께는 공경을, 아랫사람에게는 배려를 아끼지 않으셨다.
형제들을 잘 챙기며
언제나 중심을 잡아주셨다.

때로는 유머로 우리를 웃게 하시고,
단정한 모습으로 자기관리,
건강관리도 철저히 하시던 아주버님,
그 모습이 제겐 언제나 존경의 대상이었다.

세월은 참으로 무정한 것 같다.
몇 해 전부터 크고 작은 수술을 여러 차례 겪으시면서
기억이 자꾸 흐려지고,
예전 같지 않게 기력이 쇠하신 모습이 눈에 보인다.
강건하던 모습이 조금씩 희미해져 가는 걸 지켜보는 마음,

참으로 마음 아프고 애잔하다.

시아주버님,
여전히 존경합니다.
웃음 속에 담긴 따뜻함,
남을 먼저 생각하던 넉넉한 마음,

세월이 흘러도 제 마음속 시아주버님은
언제나 그 든든하고 자애로운 모습 그대로 남아 있을 것입니다.

귀가

저녁 햇살이 골목을 물들인다.
잔잔히 밀려오는 어둠 속으로
발자국 소리가 부산하다.

하루를 닫는 발자국 소리에
오늘을 살아낸 무게를 느끼며
노곤한 몸을 움직인다.

그 길 끝에서
작은 불빛이 나를 부른다
오늘도 따뜻한 온기가 도는
나의 집으로 귀가를 서두른다.

친정

친정.
말만 들어도 눈물이 차오른다.

엄마, 아버지, 오빠 넷, 언니 둘,
그리고 마흔 넘어 얻은 막내인 나.
일곱 남매를 두셨다.

아버지는 내가 열네 살 때 돌아가셨고,
엄마는 아들 셋과 며느리, 사위까지
자식 일곱을 앞세우고 홀로 남아
세월의 무게를 견디셨다.
그날들의 눈물과 인내를
어떻게 글로 다 담을 수 있을까.

내가 결혼하고 1년 뒤부터
식구들이 해마다 한 명씩 세상을 떠났다.
특히 남자들이.
엄마는 할아버지가 산소를 이장하신 뒤
"산바람 때문이다" 하시며
할아버지를 원망하셨다.

친정에 남은 남자는
오빠와 남편뿐이어서
혹시나 하는 불안이 늘 가슴에 맴돌았다.

셋째 오빠가 돌아가신 날,
시집올 때 가져오셨다는 담뱃대에
불을 붙이시는데
손이 얼마나 떨리시던지
담뱃대가 널뛰듯 춤을 추었다.
어린 나이였지만 그 모습이 아직도 생생하다.
엄마의 아픔을 나는 그렇게 기억한다.

큰 오빠가 세상을 떠난 뒤,
남겨진 어린 조카 둘과 엄마.
그 연세에 손자들을 홀로 돌봐야 했다.
의지할 곳 없어 내게 기대셨고,
아이 셋을 키우던 나도
다섯 아이를 함께 키운다는 마음으로
작은 도움을 드려야 했다.

언니들도 젊은 나이에 남편들을 떠나보내고
어린 조카들을 돌보느라
팍팍한 삶을 견디며
자꾸 내 곁을 맴돌았다.
가까이 사는 시댁을 생각하면
늘 마음 한켠에 미안함이 깃들었다.

지금은 언니, 막내 오빠, 그리고 나
셋만 남았다.
기억이 희미해진 언니,
내가 친정이라고 기댈 수 있는 유일한 사람인 암 투병 중인 오빠,
자주 보지 못하는 마음이 아리다.
그저 건강을 회복하고
오래도록 함께 있기를 기도해본다.
친정은 언제나 가슴 한쪽에
멍울진 아픔으로 남아 있다.

엄마가 수술 후 우리 집에 계실 때,
아이 셋과 장사로 바쁜 내 곁에서

하루도 빠짐없이 남편이 챙겨주었다.
물은 있는지, 기침하시진 않는지
세심히 살피던 남편의 모습이
오늘도 마음 깊이 남아 있다.

엄마는 칠십네 살에 췌장암으로 세상을 떠나셨다.
곱디고운 열다섯 나이에 시집와
층층시야 장손 며느리로
죽지 못해 생을 살아내신 엄마.
의지할 곳은 시집오기 전
외가집 할머니 삼년상 치르며
배운 담배뿐이셨다.

어둡고 암울했던 엄마의 삶,
그 가슴은 까맣게 타다 못해
하얀 재만 남았을 것이다.

친정은 아직도 내 가슴에
무거운 돌덩이 하나를 얹어둔 듯하다.
친정은, 아픔이자 그리움이다.

애기씨

막내 시누이,
그냥 '애기야'라 부른다.
"애기씨" 올케가 시집 안간 시누이를 부를 때 쓰는 진주 사투리다.

우리 애기씨는
작은 키에 귀엽고 사랑스럽다.
밝고 건전한 생각,
오빠보다 언제나
내 편이 되어주는 사람.
시누이라기보다 그냥 친구 같다.

늘 내 이야기를 끝까지 들어주고,
나보다 먼저 내 마음을 알아차린다.
그래서 '애기야'라고 부를 때마다
마음 한쪽이 따뜻해진다.

'애기씨'라 부르면
말 그대로, 작은 아기 씨 같다.
곱디고운 씨방 아래

작은 주머니 속의 아기 씨 처럼.

작지만 큰 사람,
사랑스러운 나의 애기씨.

위대한 그녀

거실 한 켠에 작은 미끄럼틀
아직은 어른 손에 이끌려
조그만 아기 발로 오르락내리락

수십수백 번을 혼자 오르려 안간힘
너무 어려 몇안되는 계단 태산인 양

안스러 도와주려면 싫다고 손을 뺀다.
고사리 같은 작은 손은
힘이 빠졌을텐데…

갑자기 "하앙~~"
포효하는 소리
위대한 그녀가 두 손을 든채
미끄럼틀 정상에 서 있다
나의 장한 손녀가

어머니와 미역국

나는 시어머니와 큰 갈등은 없었으나, 늘 마음 한켠이 조심스럽고 신경 쓰이는 관계였다.

어머님은 자식 사랑이 유독 깊었고, 아들과 며느리를 대하는 차별은 분명히 느껴졌다.

시집 와 몇 해 지나지 않아 알게 된 사실이 있었다.
어머님을 모시고 사는 큰형님 댁에서는 생일날 미역국을 끓이지 않는다는 것이었다.
나는 친정에서 배운 도리대로, 미역과 소고기를 사서 큰집 문을 두드렸다. 그해 우리 식구는 형님 댁에서 미역국과 찰밥을 함께 나누어 먹었다.

몇 해 뒤, 어머님은 뜻밖에도 노여운 얼굴로 우리 집 문을 열고 들어오셨다.
"젊은것 생일날 소고기는 와 사 보내노? 돈이 썩었나? 젊은 것들이 생일은 무슨 생일이고?"
어머님의 꾸지람에 순간 혼란스러웠다. 이것이 혼날 일인가, 칭찬받을 일인가. 그때는 몰랐다. 사랑이란 것도 때로는 꾸짖는 얼굴을 하고 온다는 걸.

〉

  별생각이 다 들었지만, 나는 어머님께 말씀드렸다.
"어머니, 형님 생일 챙기는 막내 며느리 잘했다고 칭찬하셔야 되는 거 아니에요? 칭찬은 안 하시더라도 형님께 '니 동서가 고기 보냈네, 미역국이나 끓여 먹어라.' 이렇게 말씀하시면 얼마나 좋습니까. 맛있는 밥도 드실 수 있고, 어머니 얼굴도 서고요."
  그렇게 어머니는 아무 말씀 없이 큰댁으로 돌아가셨다.

  하지만 그 일이 있은 후부터, 젊은 사람들의 생일도 시댁에서 자연스레 챙기게 되었다.
  어머니 살아계시는 동안 가장 큰 사건이었고, 내가 잘 못 참는 성격이 드러난 사건이기도 하다.

  하지만 그 덕분에 나는 옳은 것에 용기를 낼 줄 아는 사람이 되었다.

돌아보니 다 선물이었다

정현숙 이야기 시집

◆ 회상과 추억

◆
◆

 바다의 잔물결과 노을처럼, 기억 속 추억과 가족의 사랑은 마음 속에 부드럽게 스며든다. 아픈 시절과 즐거웠던 순간이 뒤섞이며, 오늘의 나를 만든다

사춘기

나는 힘든 사춘기를 겪진 않았지만,
왠지 모르게 마음은 늘 센치 했고
쓸쓸함이 따라다녔다.

친구들과 버스를 타고
종점에서 종점까지 왔다 갔다 하며
어디론가 떠나는 기분을 즐기고,

용돈이 부족하면
작은 간식을 나눠 먹으며
웃음 속에 허기를 달랬다.

가을 공원 낙엽 하나는
책 속에 고이 눕혀두고,
겨울에는 주머니 속 두 손을
꼭 잡아 따뜻함을 나누었다.

아무 일도 아닌 일도
심각하게 위로가 필요하던,
그 시절이 내 마음의
사춘기라는 계절이었다.

오십 년 지기 친구들

어느새 한 해가 저물고
또 겨울이 찾아왔다.

달력에 남은 마지막 한 장은
바쁘게 흘러간 시간을 버거워하는 듯하다.
하루가 어찌나 빨리 지나가는지,
마치 인생이 결승선을 향해
급히 달려가는 듯 느껴진다.

젊은 시절엔 새해가 오면
설렘으로 가득 차고,
앞으로의 꿈으로 가슴을 채웠다.
그러나 지금은
비워내고, 놓아주고,
정리해야 할 것들이 더 많아졌다.
새로운 시작보다
잘 마무리하는 법을
더 깊이 배워가는 시간이다.

그럼에도, 다행히도

나에겐 50년을 함께한 친구들이 있다.
여고 시절, 같이 울고 웃으며
같은 추억을 쌓았던 벗들.
세월은 흘렀지만
그 순간들은 조금도 빛바래지 않았다.

청춘의 얼굴은 주름지고,
몸은 예전 같지 않아도,
우리가 마주 앉아 웃을 때면
순식간에 소녀로 돌아간다.
까르르 웃음소리가 터지고
그 순간만큼은 나이도, 세월도
아무 힘을 쓰지 못한다.

여행 중 작은 찻잔을 나누며
따뜻한 차를 한 모금씩 들이킬 때,
말없이 웃음이 번지고
지난 추억이 향기처럼 스며든다.
차 한 잔에 담긴 여유가
50년의 우정을 더 깊게 느끼게 한다.

50년이라는 시간은
길고도 짧았다.
그만큼 함께 흘려보낸 추억이
더없이 소중하다.
앞으로의 날들이
그만큼 길지는 않을지라도,
지금까지 그래왔듯
서로의 마음속에 따뜻하게 남아
영원히 지켜주리라 믿는다.

친구여,
우정이란 세월도 무너뜨릴 수 없는
가장 든든한 버팀목이 되는구나.

첫 출근

새로운 계절이 왔음을 알린다
아이들의 재잘거림에
큰 강당이 소란스럽다.

저 무대에서
내 딸들이 학예회를 하고,
운동장에서 운동회를 했는데..
눈물이 핑 돈다.
감회가 새롭다.

첫 출근, 그리고 입학식.
손자 같은 아이들의 입학식.
이제 나는 학부모가 아닌
선생님으로 이곳에 서 있다.

봄의 전령은
자연만이 아니다.
아이들의 재잘거림이
아이들의 웃음소리가
곧 봄이고, 시작이고,
살아있음이다.

흠

유리잔에도 작은 흠집이 생긴다.
빛이 스치면 그 자국마저 반짝인다.

우리 삶에도 상처가 남는다.
말 한마디, 행동 하나,
잠깐의 표정이 남긴 흔적들이 그렇다.

나도 모르게 남긴 상처들 위에
미안함과 사랑이 천천히 스며든다.

흠집이 난 유리잔을 버리지 않듯
사람도 상처가 있어 더 빛난다.
그 흠에서 흘러나온 빛이 모여
저마다 다른 아름다움이 된다.

나 또한
흠이 많아 더 사람다운 사람이다.

못다 한 인생 숙제

초록이 우거진 공원 길목,
막바지 매미 소리는
안타까운 일생을 토해낸다.

더위에 지친 사람들은
그늘을 찾아
흐르는 땀을 훔친다.

폭염과 호우가 엇갈리는 날씨,
지쳐가는 마음 위에
또 한 겹 무게가 얹힌다.

억눌린 가슴은
폭염에 데듯 따갑고 아프지만,
감정의 노예가 되지 않으려
참고 또 참아낸다.

방학이라는 한갓진 시간 속에서
미루어왔던 숙제들을 하나씩 꺼내본다.
인생의 숙제들이다.

해보고 싶은 게 많은 인생이었나 보다.
미루어 오던 책도 읽고,
못 그리는 그림도 그려 보고,
칠십 세가 되기 전에 이루고자 했던 글도 써 내려간다.

그 속에 빠져 더위도 잊은 채 무념무상,
미루어 온 숙제를 하며
나의 뜨거운 여름을 보낸다.

주름

다른 사람은 싫다고 하는 주름
나는 내 얼굴의 주름이 싫지 않다.

손녀의 재롱,
웃음 가득한 얼굴
사랑 가득 담긴 눈빛
그 순간순간을 주름이 기록했다.

내 주름이 없었다면
내 아이의 성장도
손녀들과 따뜻한 추억도
나의 인생도 없을 테니까

그래도 아이러니하게
딸들이 나이 들어가는 건
조금 속상하다.

주름은 쌓이고,
늙어간다는 건,
사랑의 깊이도 깊다는 것이다.

합창 같은 인생

무대는 열리고
분홍 드레스와 까만 드레스를 입고
무대 위에서 한껏 뽐내며 노래한다.

알토와 소프라노의 하모니가
아름답게 울려 퍼지고
관객들은 감동하며 함께 즐긴다.

노래를 좋아해서 매주 화요일
설레는 마음으로 연습실에 들어선다.
나이는 숫자에 불과하다지만
이곳에서는 그 말이 더 깊이 와닿는다.

멋쟁이 지휘자 선생님,
단아한 반주자 선생님,
좋아하는 친구들,
그리고 평균 나이 일흔다섯 언니들의 아름다운 모습
지휘자 선생님의 지휘 아래
춤추고 노래한다

연습실에서는 단지 노래만 배우는 게 아니다.
 중후하고 우아하게 늙어가는 지혜도 함께 배운다.
 그들은 지나온 삶을 노래하고 살아온 인생을 노래한다.
 노래하는 사람들의 표정과 웃음은
 어쩌면 그리도 고운지.
 '노래를 하면 다 이렇게 이쁘고 우아해지는 걸까?'
 문득 그런 생각을 해본다.

 때론 불협화음이 나오기도 하지만
 다시 맞춰가며 가장 아름다운 소리를 찾아간다.

 인생도 그렇다.
 아내와 남편, 학생과 선생,
 사람과 사람 사이에는
 언제나 불협화음이 있다.
 하물며 나 자신도
 머리의 소리와 가슴의 소리가 달라서
 조율이 필요 할 때도 있다.

모두가 아름다운 3도 화음만 낼 수는 없다.
그러나 불협화음도 연습하고 노력하면
끝내 조화로운 음악이 된다.

우리는 합창하듯 인생을 산다.
서로의 마음을 알고, 소리를 맞추며,
가장 아름다운 하모니를 찾아간다.

통영의 하룻밤

가을의 정취도 즐길 겸
친구들과 통영 1박.
허리를 다쳐 아픈 친구를 운전대에 앉히고,
즐거운 여행길에 올랐다.

시원한 바람과 풍요로운 들판이
친구들과의 여행을 더욱 신나게 만든다.

말하지 않아도 척척 준비해온 간식들,
감말랭이, 사과, 계란 삶은 것, 고구마,
맛있는 커피.
이야기하랴, 맛난 것 먹으랴
정신없이 바쁜 친구들.

휴게소의 포토존도 우린 놓치지 않았다.
어린 왕자와 해후도 하고,
계단 위의 하늘 문도,
너무나 멋진 바다 배경의 절경도
사진 속에 저장했다.

하하 호호 끊임없이 이야기를 하는 사이
통영 리조트에 도착.
모두 1박이라 간단한 가방 한 개뿐인데,
친구 한 명 짐이 너무 많아 일동 정지! ㅎㅎ

아름다운 일몰을
바다와 소나무, 예쁜 기와집이 어우러진 멋진 곳에서 보았다.
누구 할 것 없이 멋진 포즈를 취하며
우리만의 모델 놀이에 만취했다.

저녁에 간단하게 한잔하려는데
농익은 막걸리 뚜껑을 여는 순간
확! 품어져 나오는 막걸리!
분수쇼도 막걸리 분수쇼는 처음이다.

방 천장, 옷, 머리까지 젖어
다시 샤워를 하고,
우린 그 기이한 장면을 이야기하며
웃음꽃을 피웠다.

약간의 취기,
호기롭게 친구들에게 춤을 가르쳐 준다고
오지랖을 떨고,
친구들은 배꼽 찾으러 다니고…

다음 날 리조트 광장에서
편을 갈라 투호 놀이도 했다.
완전 소녀처럼 즐겁게 놀던 모습이
지금도 눈에 그려진다.

나이가 들수록 추억만 남는다고 하지만,
추억은 우리를 살아가게 하는
힘의 원천인 것 같다.

나는 오늘도 추억 한 소쿠리 건져내며
행복한 미소를 지어본다.

내장산의 단상

어느 해 가을,
아름다운 풍경을 기대하며 들뜬 마음으로
내장산 단풍 구경에 나섰다.

부산까지 돌아오려면 먼 길이라,
"돌아갈 시간을 꼭 지키라"는 기사님의 당부를 뒤로 하고
우리는 열심히 산을 올랐다.

알록달록 자연이 준 천연 염색으로 물든 내장산의 자태.
그 아름다움에 취해 피곤한 줄도 모르고,
영화 속 한 장면처럼,
양손 가득 낙엽을 주워 하늘로 흩날리며
사춘기 소녀 같은 시간을 보냈다.

약속한 시간에 맞춰 서둘러 버스로 돌아왔고,
일찍 도착한 사람들도 많았다.

하지만 두 여인이 보이지 않아

출발하지 못한 채 마냥 기다렸다.
찾으러 나간 이도 있었지만,
우리는 창밖만 바라보며 20분을 기다렸다.

서둘러 달려온 두 여인은
시동을 켜고 기다리던 버스에 올라탔다.
타자마자 버스는 출발했고,
"휴~ 시간 딱 맞춰서 왔네.
조금만 늦었으면 버스 못 탈 뻔했어."
사과 한마디 없는 그 태도에
순간 차 안은 정적이 흘렀고
우리는 서로를 바라보기만 했다.
모두 속으로 '경우가 없구나' 하고 느꼈다.

내 주변에도 그런 이가 있다.
늘 자기중심적으로만 생각하는 사람.
안쓰럽기도 하고, 미워지기도 하는 존재다.
때로는 좋게 생각해 보려 한다.
자기애가 너무 강한 사람이라고
스스로 이해하려 애쓴다.

〉

어떤 행동이나 말을 해야 할 때,
"내 자식이나 남편이나 아내가
이 모습을 본다면 내 모습이 부끄럽지 않을까?"
스스로를 이렇게 돌아본다면 어떨까.

나이가 들면 살아온 인생만큼,
그 나이에 걸맞은 책임도 져야 할 것 같다.

◆ 봉사는 즐거워

◆
◆

봉사는 돌아오는 길에 핀 꽃
도와준건 나였는데
돌아오는 길엔 내가 위로 받았다.
봉사는 주는 일이 아니라
사람사이에 피는 조용한 꽃이다.

뜨거웠던 여름날의 오후

식을 줄 모르는 무더위는
오늘도 계속된다.

어떤 분들이 오실까?
곱게 보여야지?
어떤 옷으로 멋을 낼까?
설레임은 가득, 마음은 두근두근.

늙은 청춘도 희망이 있다.
책을 묻어둔 지 50년,
항상 아쉽고 더 배우고 싶다는
중압감 같은 것도 마음속에
꽤 많은 비중을 차지하고 있었나 보다.

경헌 실버아카데미 평생교육 입학식.
90명이 조금 넘는 청춘의 학생들,
다들 상기된 모습이다.
입학생 중 언니들이 많다는 게
조금은 마음이 놓이는 건 뭐지?

대단한 열정을 가진 사람들이 모인 것 같다.
4개월 동안 다양한 공부를 한다는데,
걱정보다 재미있을 거란 생각이 든다.
내가 모르는 걸 알아간다는 것에
흥미진진해진다.

입학식 하는 오늘은 날도 무덥지만
내 마음은 더 뜨겁다.

흔들리는 눈망울

아이에게는
가끔 놀라운 순간이 찾아온다.

인지능력이 떨어지고
남들보다 뒤처지는 학업 능력이라도
남들이 발표하면
하고 싶나 보다.

선생님의 질문에
손을 들지만
정답은 모르고
손을 반쯤만 들고
내 눈을 바라보며
어쩔 줄 몰라한다.

눈초리가 살짝 흔들리며
"나 하고 싶은데…
선생님 도와주세요"
하는 듯하다.

내가 조용히 종이에 답을 적어주면
불안한 눈망울은 사라지고
손을 위로 올린다.

담임선생님이 이름을 부르면
들린 듯 말 듯
어눌한 말투로 발표한다.

발표할 수 있다는 기쁨,
자기도 할 수 있다는 자신감,
발표를 해낸 성취감이
그 아이에게도 생겨나는 것 같다.

그 모습이 얼마나 기특하고
또 얼마나 눈부신지.

아이의 마음을 읽는
담임선생님은
고맙고 훌륭한 분이다.

아이의 안전을 지켜주고
하고자 하는 일을 도와주며
아이의 성장을 지켜보는
나의 직업은
돌봄 매니저 선생님이다.

늙어 보이는 아가씨

오늘
3학년 여자아이가 말했다.

"선생님, 늙어 보여요.
늙고 뚱뚱하고 못생겼어요."

장애가 있어
필터 없이 내뱉는 말,
그 말이 마음 한켠에
살짝 상처가 생기지만
천진난만한 모습이
귀엽기도 하다.

그래서 웃으며 말했다.

"난 할머니 아니고
아가씨야.
그런 말
다른 사람들이 들으면
기분 나쁘니까

하면 안 돼."

아이, 눈이 반짝이며 묻는다.

"아가씨가 뭐야?
사람이면서…"

아가씨가 무슨 말인지 모른다.
순수한 영혼이라 어쩔 수 없지만
나는 잠시 웃음을 멈춘다.
웃어야 할지, 말아야 할지
살짝 헷갈리는 순간.

작년에도
이 아이와 체험학습을 나갔다.

예쁜 얼굴의 아이는
"선생님, 선생님은 어쩌다가
할머니가 됐어요?"
"너도 크면 아가씨가 되고

엄마가 되고
또 할머니가 될 거야."

이렇게 설명했던 기억이 났다.

아이들의 눈은 거짓말을 안 한다.
그만큼 내가
세월을 많이 살아낸 것이다.

아이를 이해하지만
약간 마음은 쓰라렸다.
내가 많이 늙기는 한 것 같다.

행동으로 전한 마음

2년째 돌봄 중인 아이가 있다.

언어도 서툴고
인지능력도
수준에 미치지 못하는 아이.

너무 순하고 온화한 아이다.
첫해는
얼굴도 바로 바라보지 않았고
거부 반응도 심했다.

하지만 지금은
내 곁에 있으려고만 하고
안 보이면
연신 나를 찾아
눈길은 늘 나를 따라다닌다.

"선생님 좋아"라는 마음이
그 눈빛에 숨어 있다.

오늘, 아이가 처음으로
의자를 빼주며 나를 보더니
작은 손으로 의자를 두드렸다.

"여기 앉으세요"
하고 말하는 듯했다.

식사 시간,
내가 출근하지 않은 날
다른 선생님이 앉으려고 하니
앉지 못하게 했다고
후일담을 전하기도 했다.

이렇게 아이는
말이 아닌 행동으로
마음을 전한다.

나는 울컥하며
감동을 느꼈다.

아이는 결국
자기만의 방식으로
세상과,
그리고 나와
연결되고 있었다.

봉사하는 시간

 아이들의 얼굴이 눈앞에 아른거렸다.
 손발을 제대로 움직일 수 없고, 혼자서는 아무것도 할 수 없는 아이들.
 심지어 물조차 스스로 마실 수 없는, 작고 연약한 뇌병변 아이들.

 그들을 보며 마음 한 켠이 애잔하게 물들었다
 '내가 할 수 있는 게 뭘까? 눈이라도 맞춰주고 이야기라도 함께 나누어야지…'
 그 생각 하나로, 생애 처음 봉사활동을 시작했다.

 처음엔 서툴고, 조심스럽기만 했다.
 몸은 뒤틀리고 마음대로 행동은
 할 수 없어도,
 인지능력은 정상이라
 손을 잡고 눈을 맞추며,
 아이들이 작은 웃음을 지을 때마다
 내 마음도 함께 따뜻해졌다.
 작은 보람과 뿌듯함이 차올랐다.

예전에 나의 편협한 생각으로
봉사활동은 돈 많고 시간 많은 사람이나 하는 것인줄 알았다.

돌아보면, 봉사활동은 그저 아이들에게 주는 시간이 아니라
내 마음도 함께 자라나는 시간이었다.
그 소중한 순간순간이 나를 조금 더 사람답게, 따뜻하게 만들었다.

함께 하는 시간과 나누는 마음이
세상을 밝은 빛으로 물들여지길 바래본다.

◆

여
행
과　일
상

-
-

여행 속 발걸음, 차 한 잔의 여유는 일상과 기억을 잇는 다리가 된다. 자연의 풍경과 사람의 온기가 만나, 마음속에 평온을 남긴다.

제주라서 좋은 날

여행은 언제나 설렌다
언제 어디로 가던 누구하고 가던
그렇다.
친구들과 라면 더 신난다.

오늘은 기다리고 기다리던
친구들과 제주도 가는 날.
날씨가 안 도와준다.
비 온다는 일기예보,
내가 하는 일이 이렇지… 어휴!
어디 간다고만 하면
하늘은 왜 나를 버리는 걸까?

여행 계획을 세우면서,
친구들이 가본 곳이면 어쩌지?
내가 가자고 한 곳이
아이들 마음에 안 들면 어쩌지?
식사가 맛이 없는 곳이면 어떡하지?
가이드가 친절하지 않으면 어쩌지?
혹시나 아픈 친구가 있으면 어쩌지?

〉

가이드와 통화하니 말을 더듬고
나이 많은 아저씨라, 마음에 안 든다고
급히 젊은 아저씨로 교체까지 했는데…
걱정은 꼬리에 꼬리를 물어
수십 가지가 넘었다.

기분을 다잡아야 했다.
비 오면 어때?
우리가 누구인가?
친구들이 옆에 있으니까
힘이 솟는다.

이번 여행에서는 또 어떤 일이 벌어질까?
얼마나 깔깔거리며 웃을까?
무슨 이야기로 밤을 지새울까?
말만하면 무엇이던 가방에서 다 나오는 ○○이 짐은 이번에도 얼마 만큼일까?
이번 가을 여행은 우리에게 얼마나 많은 추억을 남길까?

〉

기대 가득 안고…
(기대는 저버리지 않았다. ㅎㅎ
큰 보따리, 작은 보따리 두 개는 화물칸에 싣고 두 개는 들고)

여행 가기 전부터 폭탄 웃음을 선사한 친구,
개는 과연 바나나 냄새를 맡으러 올 것인지? ㅎㅎ
조사를 받으러 불려가야 하나?
과연 제주도엔 무사히 도착할까?
제주 출발도 하기 전부터
추억은 새록새록 쌓여만 간다.

새벽에 공항에 모인 친구들의 모습은
고등학교 수학여행 가는 아이들처럼
신나고 들떠 있었다.
얼굴엔 웃음을 가득 담은 채
간단한 간식을 먹고 캐리어를 붙이고…
사건은 시작됐다.

낯선 전화번호,
"이○○ 씨, 위험 물품이 있어서
다시 짐 풀어서 보내셔야 합니다."
보조 배터리가 발목을 잡은 것이다.

제주공항 도착.
가장 먼저 우리를 반긴 건
이슬비와 안개였다.

주눅이 들 우리들이 아니다.
안개면 어떻고, 소나기면 어떠하리
우리가 즐기면 되지.

주황색 우산이 화사해서
사진 속 얼굴마다
제주 바람의 기분 좋은 흔적이 남았다.
마음껏 제주의 아름다움을 만끽한다.

 바람 불면 부는 대로 스카프를 머리에 두르고, 모자를 바꿔쓰며 아름다움을 한껏 뽐내고 저마다의 추억 사진을 남긴다.
 머리가 꽃밭이 돼도,
 또 자기 생각에만 충실해서
 머리가 또 다른 꽃밭을 만들어 가도,
 날씨가 추워도, 바람이 거세게 불어도…
 그 시간, 그 순간을 즐기는 친구들이 있어서 행복했다.

 같이 못간 거제 사는 친구,
 함께한 8명의 여고 동창생.
 친구들과 함께라면 두려울 게 없다.

 이야기하느라 밤새우는 일이
 또다시 있을까?
 세월 지난 어느 날,
 나는 문득 이날을 그리워할 것 같다.

 돌아오는 길에도 사건 사고가 많았지만
 많은 사건 사고를 뒤로한 채
 양손 가득 특산물을 들고서

길다면 긴 여정은 끝을 맺었다.
서투른 준비였지만
친구들은 끝내 칭찬을 아끼지 않았다.
덕분에 마음은 따뜻해지고,
속 좁은 나는 위로를 받았다.

2박 3일, 웃고 울던 그 날들이
벌써 추억이 되었다.

살아가는 힘

칠십의 나이는
새로움에 설레는 아이 같다.

합창단의 무대 위에서
젊은 날 잃었던 목소리를 찾고,

배우지 못한 그림 앞에서는
하얀 종이 위로
꿈을 그려 넣는다.

못한다 여겼던 것들을
조금씩 해보며
어색함과 부끄러움으로 웃는다.
아직도 배울 게 많다는 건,
살아있음의 기쁨이니까.

나는 여전히
봄을 기다리는 소녀처럼,
배우고 도전하는 여인으로 살아간다.

게으른 농부

공휴일이라 밭에 물 주러 가자는
남편 따라 아침 9시 늦은 시간,
선크림 듬뿍 바르고 모자 눌러쓰고 집을 나선다.
얼음물 한 병, 커피 한 통 가방에 넣고.

일주일에 한 번 가는 게으른 농부라
밭은 잡초 반, 작물 반이다.
내가 잡초를 키우는 건지
고추를 키우는 건지 알 수 없다.

그것뿐이면 게으른 농부라고 안 하겠지?
다른 사람 다 심고 난 뒤에
늦게 작물을 심어서 옆집 옥수수는 허리까지 자라 있는데
우리 집은 옥수수 키가 한 뼘 정도 자랐다.

얼갈이와 열무는
오늘 겨우 떡잎 면할 정도 ㅎㅎ
어라? 그것도 구멍이 숭숭.
"어때, 벌레랑 나누어 먹지 뭐^^"

〉

그래도 토란과 고구마 순은 잘 자라고 있다.
"토란 많이 수확하면 친구들이랑 나눠 먹어야지."
이런 생각 하며 풀 뽑고 물 주고.

서둘러 솎은 열무와 얼갈이,
저녁 반찬으로 나물 무치려고 정리하는데
다듬어야 하는 갯수만 많고 크기는 멸치 같고, 언제 다 다듬냐고…ㅎㅎ
그래서 또 게으름 발동.

"에이~ 뿌리까지 먹지 뭐ㅋ"

이렇게 게으른 농부는
"하늘이 주는 대로 먹어야지." 하고 편안한 맘으로
반찬 만들러 서둘러 집으로…

풀 뽑기는 다음으로 또 미루었다.
오늘 게으른 농부의 넋두리다.

로또

내 남편은 로또다.
얼마나 잘해주고
좋으면 로또라고 할까?

맞는 말이다.
나이가 들어갈수록
측은지심으로 바라보고
도와줄 게 없나 살피고
도와주려고 노력한다.

"당신은 로또예요."
내가 말했다.
"나야말로 당신이 로또인데,
나 로또 맞았어요."
라고 대답한다.

"안 맞아도 그렇게 안 맞을 수가
없는 로또라고…"
남편은 미안하다고 말한다.

로또는 맞춰가는 재미가 있다.

친구처럼 같이 늙어가면서

아직까지 맞춰가는 재미가 있는 남편은 나의 로또다.

대기실

이른 시간,
아무도 없는 병원 대기실.

하얀 벽, 차가운 공기,
불안한 마음에 콩닥거리는 가슴.

한참의 시간이 흐르고
환자들의 북적거리는 소리,
부산하게 움직이는 소란스러움 속에
내 이름을 부르는 목소리가
가슴 깊숙이 들어온다.

살짝 스미는 불안과
쫄깃한 긴장감 속에

침 삼키는 소리가
유난히 크게 들린다.

하나, 하나 진료가 끝나고
재검사라도 뜨면 어쩌지?

무서운 마음도 남지만,
끝났다는 홀가분한 발걸음으로 병원을 나선다.

맑은 하늘의 구름은,
검진 결과를 기다려야 하는 내 마음을 모른 채 느긋하게 흐른다.

여행과 차 한 잔

가방을 내려놓고,
발길을 멈춘다.

어둑살이가 밀려오고
산 그림자가 길게 자리를 잡는다.
잔잔한 계곡물 소리와
시원한 바람이 환호한다.
따뜻한 차 한 잔을 손에 들고
자유와 여유를 맞이한다.

차향이 코끝을 스치며
바쁘게 달려온 시간을 멈추게 하고,
한 모금 마신 차는 온기를 퍼뜨리며
내 마음을 차분히 적신다.

누군가와 나누는 말 한마디,
혼자 하는 조용한 한숨 속에서
여행의 하루는 천천히 스며든다.

차 한 잔에 담긴 여유와

바람 속 작은 행복을
나는 오래도록 기억하고 싶다.

장롱 면허증에게 미안해하며

40년 전, 땀 뻘뻘 흘리며
떨리는 손으로 시험을 봤다.
어렵게 따낸 면허증,
빛나는 지갑 속 대신
장롱 속으로 직행했다.

네가 달린 길은 고속도로가 아니라
서랍 속 먼지 위였고,
네가 본 신호등은
녹색 불빛이 아니라
붉은 전등 불빛이었네.

친구들은 차를 몰고 달릴 때,
너는 나와 함께 세월을 달렸고
한 번도 핸들을 잡게 해주지 못한 채
사진 속 내 젊은 얼굴만 늙어갔다.

미안하다, 내 운전면허증아.
단 한 번도 차를 몰지 못하고
반납의 귀로에 서 있지만,

그래도 너는
내 인생의 가장 웃긴 자랑거리가 되었다.

내가 가장 잘한 일

세상에서 내가 가장 잘한 일,
그건 딸 셋을 낳은 일.

그 딸들이 다시
손녀 셋을 내 품에 안겨주었네.

손녀들 이름만 들어도
가슴이 두근거리고
눈물이 핑 돈다.
그렇게 예쁠 수가 있을까.

딸 셋 모두,
건강하게, 밝게, 바르게 자라주어 고맙다.
보너스처럼 공부도 잘해주어
진학 걱정조차 하지 않아도 되었다.

내가 딸 셋을 낳을 때의 사회 분위기는
"둘만 낳아 잘 기르자"
아이 셋을 낳은 나는
야만인이라 놀림도 받았다.

시어머니에게도 구박을 많이 받았다.
아들도 하나 못 낳는다고…

잘 커 준 내 딸들.
큰딸은 선생님이 되었고,
둘째는 교육공무원으로 합격하던 날,
그 환희를 나는 아직도 기억한다.
막내도 묵묵히 자기 길을 걸으며
든든한 버팀목이 되어주었다.

나는 많은 걸 해 주지 못했다.
비 오는 날 우산 한 번을
가져다주지 못했고,
학원도 마음껏 보내주지 못했으며
용돈도 늘 부족했다.
그런데도 꿋꿋이,
예쁘고 자랑스러운 길을 걸어준 딸들.

그 딸들이 멋진 사위와
손녀 세 명까지 내게 선물 해주었다.

〉

장애 아동 돌봄의 길을 걸으며
내가 항상 느낀 것은,
아이들이 건강하게 태어나 주었다는
그 자체가 감사하고 또 감사한 마음이다.
감사한 마음 한켠엔
자식이기에 늘 아린 마음도 존재한다.

딸 셋이 있어서 언제나 행복했고
딸들이 있어서 내 인생은 빛났다.
세상에서 가장 잘한 일은
딸들이 내 곁에 있는 것이다.

이제는 손녀들에게 바란다.
건강한 몸, 건강한 마음,
그리고 건강한 정신으로
밝고 행복한 삶을 살아가길
내 딸들도 딸이 있어서 행복하기를

간 큰 남편 이야기

 나는 원래 산통이 길고 난산이었다.
 첫째, 둘째도 산통을 5일씩이나 겪으면서 고생하며 낳았는데,
 셋째는 산통이 길어서 고생한 게 아니라 아이가 거꾸로 있었다.

 셋째가 태어나던 그 날은 하필
 추석 다음 날.
 미뤄왔던 남편 친구 병문안을 간다며 집을 나섰다.
 병문안 도중 산통이 시작되고 부랴부랴 남편과 함께 병원으로 향했지만
 정작 남편은 입원만 시키고 금세 자취를 감추었다.

 나는 오후 2시에 입원했고,
 저녁 10시에 아기를 낳았다.
 그 과정에서 아기가 거꾸로 나오는 바람에
 나와 아기 모두 죽음의 문턱까지 갔던 순간이었다.

 그런데 남편은 어디 있었을까?
 통금시간이 시작되는 자정 12시

태연하게 병실에 나타난 남편.

아기가 자기 얼굴이랑 똑같다고
신기하다면서 천진난만하게 웃음 짓는다.

어디 갔다 이제 왔냐고 했더니
나를 병원에 두고 친구들과 함께 나이트클럽을 갔다 왔단다.
정말 어이가 없어 실소가 나왔다.

아내는 죽을 고비를 넘기고 있었는데,
남편은 친구들과 춤판을 벌이고 있었다니!
남편의 구차한 변명은
"하루 만에 낳을 줄 모르고
며칠 걸릴 줄 알았지"

간이 큰 건지
철이 덜던 건지 알 수 없다.
임신이나 출산 중 서운 한 건 두고두고 생각난다더니
내가 그렇다.

그땐 철이 너무 없었다고
미안하다고 용사를 빈다.

이젠 그때를 떠올리면 분노보다 웃음이 먼저 난다.
"아이고, 저 인간 간 크다, 크!"
내 생애 가장 아찔하면서도 어이없는 기억 중 하나다.

박 가이버

내 남편은 이야기를 좋아한다.
잡식성이라 깊이까지는 아니어도
모르는 게 거의 없다.

새로운 주제가 나오면
눈을 반짝이며 집중하고
곧 자기 것으로 만들어
더 많은 이야기를 풀어낸다.

내가 말 많다고 눈치를 주지만
옆에서 듣는 나도
괜히 흥미진진해진다.

손으로 무엇이든 만드는 걸 좋아한다.
만들고, 부수고, 다시 조립하고, 또 만들고…
그 반복 속에서 남편은
살아있음을 느끼는 것 같다.

불편한 점을 이야기하면
어떻게든 해결해 주고

나를 편하게 만들어준다.

아이들은 그를 '박 가이버'라 부른다.
아빠에게 이야기하면
안 되는 게 없다고 믿는다.
그 믿음과 신뢰가
집안을 따뜻하게 채운다.

주방일에는 서툴고 관심도 없지만
그럼에도 사랑스럽다.

완벽하지 않아도, 부족해도
나에게는 가장 든든하고 따뜻한 사람,
내 남편 박 가이버.

주변 정리

칠십이라는 숫자가 조용히 다가온다.
지난날의 웃음과 눈물,
손주들의 작은 손길과
딸들의 재롱이 머릿속을 스친다.

이제는 서서히 주변을 돌아볼 나이.
무엇이 중요한지,
무엇을 버리고 무엇을 간직해야 할지,
무엇을 잊고 무엇을 기억해야 할지.

버려야지, 다짐하다가도
다음 날이면 도루묵이 된다.
불편할 것 같고, 언젠가 쓸 것 같아
내놓았던 물건을 다시 가져다 놓는다.
사람 마음이란 욕심도 많고,
참 간사하다.

많은 걸 비워내야 하는데…
주변을 정리하다 보면
마음은 조금 가벼워지고,

추억은 아스라이 마음속에
곱게 저장되겠지.

◆ 에필로그

인생은 합창과도 같다.
때로는 화음이 어긋나기도 하고,
때로는 너무 힘들어 목소리가 작아지기도 한다.
그러나 함께 맞추어 가며,
끝내 아름다운 노래가 되어 울려 퍼진다.

내 삶도 그랬다.
크고 작은 불협화음 속에서도
사랑하는 가족이 있었고,
마침내는 가장 따뜻한 멜로디를 얻었다.

이제 나의 노래는 여기에서 끝나지만,
너희들의 삶 속에서
또 다른 노래로 이어지길 바란다.